Inhalt

Saubere Kohlekraftwerke - Aus schwarz werde grün. Gelingt der Kohle ein Imagewandel?

Kernthesen

Beitrag

Fallbeispiele

Zahlen und Fakten

Weiterführende Literatur

Impressum

Saubere Kohlekraftwerke - Aus schwarz werde grün. Gelingt der Kohle ein Imagewandel?

Autor GENIOS BranchenWissen: A.Schneider

Kernthesen

- Am 9. September 2008 wurde im brandenburgischen Spremberg am Vattenfall-Kraftwerksstandort Schwarze Pumpe das weltweit erste Braunkohlekraftwerk mit Carbon Capture and Storage (CCS)-Technologie in Betrieb genommen.
- Die Abtrennung des Kohlendioxids im Kraftwerksprozess kann mit

unterschiedlichen Verfahren erfolgen, zum Beispiel nach einer Kohlevergasung (CO_2-reduziertes IGCC-Kraftwerk), mittels Verbrennung in Sauerstoffatmosphäre (Oxyfuel) oder CO_2-Wäsche aus dem Rauchgas.
- Als mögliche unterirdische Speicher für das schädliche Kohlendioxid kommen Erdöl- oder Erdgaslagerstätten, salzhaltige Aquifere, Kohleflöze oder auch die Tiefsee in Frage.

Beitrag

Bei der Verbrennung von Kohle entsteht Kohlendioxid, also der Klimakiller CO_2. Konventionelle Kohlekraftwerke blasen dieses einfach durch den Schornstein in die Luft. Entsprechend gilt die Kohle als schmutzigster Energieträger überhaupt. Gelingt der CCS-Technologie der Durchbruch, und kann sie der Kohle zum Imagewandel verhelfen?

Schwarze Pumpe läuft - Weltweit erstes Braunkohlekraftwerk mit CCS-Technologie eröffnet

Am 9. September 2008 wurde im brandenburgischen Spremberg am Vattenfall-Kraftwerksstandort Schwarze Pumpe das weltweit erste Braunkohlekraftwerk mit Carbon Capture and Storage (CCS)-Technologie in Betrieb genommen. Die Pilotanlage mit einer Wärmeleistung von 30 Megawatt soll insbesondere der weiteren Erforschung der Oxyfuel-Technologie dienen, mittels derer das im Verbrennungsprozess des Kraftwerkes entstehende CO_2 abgeschieden werden kann. Im Vordergrund steht hierbei insbesondere die Optimierung des CO_2-Abscheidegrades für die spätere Anwendung der Technologie im geplanten Demonstrationskraftwerk am Standort Jänschwalde. Um neben der Abscheidung des CO_2 im Kraftwerk auch den Prozessschritt der geologischen Speicherung erforschen zu können, kooperiert Vattenfall zudem mit der Gaz de France PEG. So soll das in der Pilotanlage in Schwarze Pumpe abgeschiedene CO_2 vorerst per LKW in die Nähe von Salzwedel in Sachsen-Anhalt transportiert und dort in einem weitgehend ausgeförderten Erdgasfeld gespeichert werden. Gleichzeitig soll das eingeleitete CO_2 im Rahmen des so genannten Enhanced Gas Recovery-Verfahrens dazu beitragen, die Gasfördermenge zu erhöhen. [1]
Vattenfall rechnet vor, dass die Kosten für die Abtrennung, den Transport und die Lagerung einer Tonne CO_2 künftig bei rund 35 Euro liegen werden.

Diese Ausgaben würden dem Preis entsprechen, den Kraftwerksbetreiber von 2013 an im europäischen Emissionshandel wahrscheinlich für eine Tonne emittierten Kohlendioxids bezahlen müssten. Mithin wäre die CO2-Vermeidung durch CCS kein Verlustgeschäft.

Im Test - Alternative Verfahren zur Abtrennung des Kohlendioxids

Zur Abtrennung des schädlichen Gases gibt es mehrere technische Verfahren. Sie unterscheiden sich unter anderem danach, ob das CO2 vor, während oder nach der Kohleverstromung abgetrennt wird. Erstens: Das **IGCC-Verfahren (Integrated Gasification Combined Cycle)** testet RWE. Hierbei wird die Kohle zunächst vergast. Es entsteht Kohlenmonoxid, das dann durch die Zugabe von Wasserdampf in Wasserstoff und Kohlendioxid verwandelt wird. Das CO2 wird also bereits **vor** der Verbrennung abgetrennt. Daher wird das Verfahren auch als Pre-Combustion-Capture bezeichnet. Der verbleibende Wasserstoff wird zu Stromerzeugung genutzt und treibt eine Turbine an. Die Marktreife dieser Technologie ist jedoch noch nicht in Sicht. Zweitens: Das **Oxyfuel-Verfahren** setzt

Vattenfall in seinem Pilotprojekt ein.dieses Verfahren testet Vattenfall in seiner Pilotanlage. Bei ihm findet die Abtrennung **während** der Verstromung statt. Kohle wird dabei zu Staub zermahlen und in einer Atmosphäre mit reinem Sauerstoff verbrannt (in herkömmlichen Anlagen geschieht das mit normaler Atemluft, die zu 78 Prozent aus Stickstoff besteht). Das dabei entstehende Rauchgas besteht im Wesentlichen aus CO_2, Schwefel, Flugasche und Wasserdampf. Dieser kann mit wenig Aufwand auskondensiert werden, so dass ein hochkonzentrierter CO_2-Strom übrig bleibt, der verdichtet und zum Lager transportiert werden kann.Im Geoforschungszentrum Potsdam leiten Wissenschaftler seit einigen Monaten testweise CO_2 durch 800 Meter tiefe Bohrkanäle in eine alte Gaslagerstätte. In drei Jahren sollen dort unten 100 000 Tonnen Treibhausgas aus Schwarze Pumpe lagern. (2)

Drittens: Die **Post-Combustion-Technologie** erprobt E.on.Hier wird das Kohlendioxid aus dem bei der Verbrennung entstehenden Rauchgas **danach** mithilfe chemischer Lösungen ausgewaschen und kann dann aufgefangen werden. E.ons Pilotprojekt, das im niederländischen Maasvlakte an der Mündung des Hafens Rotterdam getestet wird.Mögliche Post-Combustion-Verfahren sind auch die Amin-Wäschen oder Carbonat-Wäschen, an denen das CO2 in der Luft angelagert und sozusagen eingefangen wird. Diese Abscheidemethode ist technisch am ausgereiftesten, zur Nachrüstung bei bestehenden Kraftwerken geeignet, allerdings ebenfalls teuer.

Das Hauptproblem - Hoher Wirkungsgradverlust

Das Hauptproblem bei all diesen Technologien ist ihr hoher Energiebedarf. Nach dem gegenwärtigen Stand der Technik muss sehr viel mehr Kohle verbrannt werden, um die gleiche Menge Strom zu erzeugen. Der Wirkungsgradverlust am Kraftwerk führt zu einem um bis zu ca. 40 Prozent erhöhten Brennstoffeinsatz zur Erzeugung der gleichen Strommenge. Der Ressourcenverbrauch würde sich also deutlich erhöhen. Zudem lösen sie das Problem der CO2-Entstehung nicht. Der Klimakiller entsteht nach wie vor und muss dann sinnvoll entsorgt werden. (3)

CO2-Sequestrierung - Treibhausgas unter die Erde

Wie bei Atommüll gilt es auch beim Treibhausgas die Frage der Endlagerung zu lösen. Dabei stehen ebenfalls mehrere Möglichkeiten zur Verfügung. Die meisten Experten befürworten eine Lagerung in tiefen unterirdischen Sedimentschichten. So könnte das CO_2 in salinen Aquiferen, also salzhaltigen Grundwasserleitern, eingelagert werden. Als Aquifer bezeichnet man einen Gesteinskörper mit Hohlräumen, der zur Leitung von Grundwasser geeignet ist. Aquifere ab einer Tiefe von 900 Metern, also weit unterhalb der nutzbaren Grundwassertiefe, wären als CO_2-Speicher geeignet. Desweiteren könnte das Gas in ausgeförderten Öl- und Gaslagerstätten oder Kohleflözen deponiert werden. Auch in Ozeanen könnte das Kohlendioxid gelagert werden.

Insgesamt wird heute bereits an vier Orten auf der Welt CO_2 kommerziell gespeichert: Im Lager Sleipner in Norwegen pumpt Statoil seit 1996 jährlich eine Million Tonnen CO_2 unter die Erde, ein zweites Lager kam dieses Jahr hinzu. Zwei weitere gibt es in Algerien und Kanada. Theoretisch stehen weltweit Lagerstätten zur Verfügung, in denen für zwei- oder dreihundert Jahre der gesamte CO_2-Abfall der Menschheit vergraben werden könnte. Die Lagerungskapazität in Deutschland wird nach ersten groben Schätzungen vom Wuppertal-Institut auf das 30- bis 60-Fache der jährlichen Kohlendioxid-

Emissionen des gesamten deutschen Kraftwerkparks beziffert. (4)

CO_2 ist ein gefährliches Gas. Wer es einatmet, kann daran sterben. Generell gilt daher, dass mit den etwaigen zukünftigen CO_2-Lagern sehr sorgfältig umgegangen werden muss. Sie müssen permanent daraufhin überwacht werden, dass sie dicht sind und allmählich oder gar plötzlich nicht unbemerkt CO_2-Gase austreten. Die Einleitung großer Mengen CO_2 ins Meer gilt als sehr gefährlich für die Umwelt. Es kann massive ökologische Folgen haben, wenn eine Speicherblase an die Oberfläche dringen sollte, wenn sich der pH-Wert absenken sollte oder sich auf dem Meeresgrund CO_2-Seen bilden, die das dortige Leben abtöten. (5)

Gegner und Befürworter

Bisher ist die CO_2-Sequestrierung noch nicht marktreif, sondern im Entwicklungsstadium. Bis ein großtechnischer Einsatz möglich ist, kann es noch 12-20 Jahre dauern.
Die Umweltschutzorganisation Greenpeace kritisiert prompt, dass die Einführung des Carbon Capture and Storage (CCS) zu spät käme, um den Klimawandel wirkungsvoll zu bekämpfen. Sie vermutet eine

Ineffizienz der CO2-Abscheidung und sieht Risiken in der unterirdischen Lagerung von CO2. Außerdem sei CCS teuer und verhindere die Entwicklung alternativer Klimaschutzstrategien. Die Umweltschutzorganisation BUND verurteilt CCS als ökologische Augenwischerei.

In Deutschland engagiert sich seit einiger Zeit das Informationszentrum klimafreundliche Kohlekraftwerke (IZ Klima) für die Verbreitung von Informationen über die Chancen und Potentiale der CCS-Technologie. Die Europäische Union hat ihren bisherigen Forschungsetat für diesen Bereich von 30 auf 200 Millionen Euro aufgestockt. Der EU-Ministerrat hatte sich bei einem Treffen im Frühjahr 2007 für die Errichtung von bis zu 12 CCS-Kraftwerken bis 2015 ausgesprochen. Die Vereinten Nationen (UN) betrachtet CCS als bahnbrechende Technologie von großer Bedeutung, weil sie eine weitgehend emissionsfreie Stromerzeugung aus Kohle verspricht.
Auch Klaus Töpfer, der frühere Chef der UN-Umweltorganisation, glaubt, dass man mittelfristig trotz verstärkter Nutzung erneuerbarer Energien und trotz mehr Energieeffizienz nicht auf Kohle verzichten könne und dass ihre saubere Verbrennung und die Abtrennung von Kohlendioxid jetzt erstmals möglich sei. Töpfer sagt allerdings auch, dass die Herausforderung, Kohle und Klimaschutz zu

verbinden, in ihren Dimensionen so groß sei wie das Mondlandeprogramm der USA vor knapp 40 Jahren. (4)
Der WWF Deutschland sieht CCS als Technologie für eine CO2-freie Versorgung für eine befristete Zeit als notwendig an. Länder wie China oder Indien wollen sehen, dass Technologien bei uns funktionieren. Das gilt auch für CCS. Wir müssen zeigen, dass es geht. (6)

Fazit

Auch in den kommenden Jahren wird die Kohle als fossiler Energieträger gebraucht werden, um den globalen Energiebedarf zu decken. Kohlekraftwerke wird es also auch weiterhin geben. Alte wie neue. Kohlenutzung und Klimaschutz sollten daher Hand in Hand gehen. Ohnehin gilt es festzuhalten, dass die so genannten CO2-freien Kraftwerke dies nicht im wortwörtlichen Sinne sind. Es geht nur um eine verminderte Abgabe des schädlichen Kohlendioxids in die Luft. Daran sollte ohne Zweifel mit allen Mitteln gearbeitet werden, denn unser Klima sollte auf alle Fälle für die zukünftigen Generationen verbessert und geschützt werden.

Fallbeispiele

Das Informationszentrum klimafreundliches Kohlekraftwerk IZ Klima e.V. berichtet auf seiner Website www.iz-klima.de über Aktuelles zum Thema. Beispiele:

RWE will 90 Millionen Euro investieren und die Erforschung und Entwicklung von CO_2-Reduktions- und Umwandlungstechnologien am Kraftwerksstandort Niederaußem im Innovationszentrum Kohle vorantreiben. Vier Projekte sind bereits angelaufen: So wird beispielsweise die Vortrocknung der Braunkohle nach dem Wirbelschichtverfahren getestet. Dies kann dazu beitragen, den Wirkungsgrad im Braunkohlekraftwerk zur Stromerzeugung auf über 47 Prozent zu steigern. In einem zweiten Projekt wird in einer Pilotanlage die CO_2-Abscheidung mittels CO_2-Wäsche untersucht. Außerdem soll anschließend mit dem Hochleistungswäscher REAplus u. a. die Schwefeldioxidkonzentration gesenkt werden. Als jüngstes Projekt ist Anfang November 2008 eine Pilot-Algenanlage in Betrieb genommen worden. Zusammen mit der Jacobs-University, Bremen, und dem Forschungszentrum Jülich, soll hier erforscht werden, wie das im Kraftwerksprozess abgeschiedene CO_2 durch die Algen optimal gebunden werden kann. Abschließend soll die Algenbiomasse untersucht und in Biogasanlagen weiterhin als Energieträger verwendet werden können.

The Linde Group und die Vattenfall Europe Technology Research GmbH haben eine Technologiepartnerschaft zur CO_2-Abscheidung in Kohlekraftwerken vereinbart. Hierbei soll das so genannte Oxyfuel-Verfahren bei der Verbrennung von Braun- und Steinkohle mit Blick auf die großtechnische Anwendung im Kraftwerksprozess weiter entwickelt werden.

Die italienischen Energieunternehmen Enel und Eni sind eine strategische Kooperation zur Erforschung und Entwicklung der Carbon Capture and Storage (CCS-) Technologie eingegangen. So plant der Stromversorger Enel bis Herbst 2009, eine Pilotanlage für die CO_2-Abscheidung zu bauen.

Die EU will die Einführung der CCS-Technologie in Europa um rund 10 Jahre verkürzen. Bereits ab 2020 soll sie kommerziell verfügbar sein. Dies geht aus dem Programm hervor, das die European Technology Platform for Zero Emission Fossil Fuel Power Plants (ZEP) am 10. November in Brüssel vorgestellt hat.

Die norwegische Regierung hat für 2009 angekündigt, eine Summe von 1,9 Milliarden Norwegischen Kronen (NOK) (ca. 240 Millionen Euro) in Carbon Capture and Storage (CCS)-Projekte zu investieren.

Der Kraftwerkskonstrukteur Doosan Babcock will eine Carbon Capture and Storage (CCS-) Pilotanlage im schottischen Renfrew errichten. Diese soll im März 2009 in Betrieb genommen werden. Mit der 40 Megawatt-Pilotanlage soll das so genannte Oxyfuel-Verfahren zur CO_2-Abscheidung, bei dem Kohle mit reinem Sauerstoff anstelle von Luft verbrannt wird, weiter entwickelt werden.

Das Kentucky Geological Survey plant im Februar 2009 in Hancock Country, im US-Bundesstaat Kentucky, ein CO_2-Speicherprojekt in Betrieb zu nehmen. Im Vorfeld des Projektes sollen bereits eventuell auftretende seismische Aktivitäten der potenziellen Speicherstätte erforscht werden. Im Anschluss soll CO_2 in ca. 8 000 Fuß (ca. 2 400 Meter) Tiefe gespeichert werden.

Zahlen & Fakten

-Heute werden weltweit pro Jahr fünf bis zehn Millionen Tonnen CO_2 gespeichert. Der gesamte

Ausstoß beträgt knapp 30 Milliarden Tonnen. 33 Prozent aller CO2-Emissionen kommen aus dem Energiesektor. (7)

-Ein modernes Steinkohlekraftwerk mit 1 000 Megawatt Leistung setzt jährlich mindestens sechs Millionen Tonnen CO2 frei - so viel wie aus den Abgasen von zwei Millionen Autos stammt. Braunkohlemeiler und ältere Kraftwerke sind noch erheblich dreckiger. Pro Kilowattstunde ist Kohle etwa doppelt so klimaschädlich wie Gas.

-Kohlereserven gibt es auf der Welt reichlich. Die derzeitige Förderung ist noch mindestens 130 Jahre lang gesichert - zwei- bis dreimal länger als mit Gas oder Öl aus konventionellen Förderstellen.

-Rund 2 000 Kohlekraftwerke gibt es heute auf der Welt. In wenigen Jahren sollen es 5 000 sein, so schätzt die Internationale Energieagentur. Die Internationale Energieagentur hat ausgerechnet, dass mit dem Neubau von 3 000 Kohlekraftwerken die Kohlendioxidemissionen um 57 Prozent steigen werden.

- Der Weltkohleverbrauch ist zwischen 1995 und 2007 um über die Hälfte gestiegen und könnte sich bis 2030 noch einmal annähernd verdoppeln. Vor allem in den kräftig wachsenden Schwellenländern China und

Indien hat die Nachfrage rasant zugenommen.

-China produziert knapp 80 Prozent seines Stroms in Kohlekraftwerken. In zwei Jahren wird China zum weltgrößten Emittenten von Kohlendioxid.

-Weltweit ist die Kohle für 40 Prozent der Elektrizitätserzeugung verantwortlich.

-In Deutschland sorgt Kohle für fast die Hälfte des Stroms. Heute werden 46 Prozent des Stroms mit Hilfe von Kohle gewonnen, 22 Prozent mit Kernenergie. (4)

Weiterführende Literatur

(1) Wenn Kohlekraftwerke sauber werden müssen aus "Der Standard" vom 30.10.2008 Seite: 20

(2) In den Untergrund
aus Süddeutsche Zeitung, 10.09.2008, Ausgabe Deutschland, Bayern, München, S. 18

(3) Treibhausgas unter die Erde verfrachten
aus DIE ZEIT Nr.45

(4) Im Kohlerausch
aus DIE ZEIT Nr.45

(5) Kohle im Weißwaschgang
aus Frankfurter Allgemeine Zeitung, 10.09.2008, Nr. 212, S. 11

(6) CCS ist zwingende Brückentechnologie
aus HANDELSBLATT online 15.09.2008 09:27:45

(7) Weiss, G., Aus der Luft in den Boden verfrachten, NZZ am Sonntag, 14.09.2008, Nr. 37, S. 118
aus HANDELSBLATT online 15.09.2008 09:27:45

Impressum

Saubere Kohlekraftwerke - Aus schwarz werde grün. Gelingt der Kohle ein Imagewandel?

Bibliografische Information der deutschen Nationalbibliothek

Die Deutsche Nationalbibliothek verzeichnet diese Publikation in der deutschen Nationalbibliografie; detaillierte bibliografische Daten sind im Internet über http://dnb.d-nb.de abrufbar.

ISBN: 978-3-7379-2360-6

© 2015 GBI-Genios Deutsche Wirtschaftsdatenbank GmbH, Freischützstraße 96, 81927 München, www.genios.de

Alle Rechte vorbehalten. Dieses Werk ist einschließlich aller seiner Teile – z.B. Texte, Tabellen und Grafiken - urheberrechtlich geschützt. Jede Verwertung außerhalb der Grenzen des Urheberrechtsgesetzes bedarf der vorherigen Zustimmung des Verlags. Dies gilt insbesondere auch für auszugsweise Nachdrucke, fotomechanische

Vervielfältigungen (Fotokopie/Mikroskopie), Übersetzungen, Auswertungen durch Datenbanken oder ähnliche Einrichtungen und die Einspeicherung und Verarbeitung in elektronischen Systemen.